文芸社セレクション

終活するならこの一冊!!

― 人生最後の大仕事 ―

西村 邦雄
NISHIMURA Kunio

文芸社

はじめに

　終活という言葉は、色んなところで使われていてよく耳に入ってきます。あなたがこの本を手に取ったということは、自分でもそろそろ始めなければ、と考え始めているところでしょうか。

　でもなんだか、やることが多すぎて面倒なようだとも感じ、結局初めの一歩が手についていないのではありませんか。

　では何故始められないのでしょうか？

　おそらく、今あなたはまだ元気だからです。そう、いわゆる先延ばしをしているのです。

　それと終活って何なのか、なんとなくは分かるが全ては知らない。どこから手を付けていいのか分からない。本気にも真剣にもなれ

ない。結局誰のためにやるのか、となってしまいます。

たとえ始めても嫌になり、途中で放りなげる人が沢山おられます。エンディングノートを書き切った人は、たった2%だそうです。

仕方がありません。人間の脳は正直です。はっきり言って終活は楽しくないからです。それと時間と日数がかかりゴールという目標すら見えず、なんとなくぼんやりだからです。

そこで、どうしたら始められるのか、継続するのにその量と時期、そしてサポートするものは何かを書かせていただきました。

多くの人に、出来るだけ沢山の活動と結果を残せるように考えました。

やり方は色々あります。色んな書籍が出版されており、やる気さえあれば自分でできますが、それでもこの本を読んだ人が、ペンを

手にし、計画して行動し始めることを少しでも願っております。

　私の実家は琵琶湖の湖畔で、私は一人っ子でした。親もしかり、祖父母も何もメッセージを残していきませんでした。家一軒のごみが手つかずで残っていました。

　仕方がありません、明治から昭和の時代の人達です。祖父は何をして働き、祖母はどんな思いで嫁いだのか分かりません。親からも教えてもらえませんでした。その親でさえ知らないこともあります。

　これが逆の立場だとどうでしょう。今は何を言っても、子供は忙しいし孫も聞いてはくれません。では子や孫に何を言いたいのか、何を残したいのか。

　何もしないで残さないと私の親、祖父母と同じです。

終活をすることは自分が生きてきた証であり、責任でもあり、結局自分のためでもあります。子や孫に出来るだけ迷惑をかけないで、自分を知ってもらい尚且つ良きところを継承していく。

　無理しないで、出来るところまででいいので、始めてみませんか？

　最後に、この本は終活のマニュアル本では決してありません。構成も独自で単に一例です。

　その人にとってここに書かれていない終活があるかもしれません。本当に終活をやろうとしたことに対して、始めるきっかけとして役立ててください。

2025年1月

西村邦雄

目　次

はじめに …………………………………………… 3

第1章　終活するにはまず準備から ………… 12

第2章　終活ってこれだけのカテゴリと
　　　　項目があります ……………………… 24

第3章　終活それぞれの内容 ………………… 34

　(1) 簡易版の家系図を作成する　35

　(2) 思い出しながら自分史を書く　41

　(3) 今の自分に関係する連絡リストを
　　　作成する　46

　(4) 今の自分からのメッセージを
　　　発信する　50

　(5) 生前整理を始める　53

　(6) 墓じまいをする、自分の墓についても
　　　けりをつけておく　66

（7）終の棲家を決めておく　75

（8）死について考える　82

（9）葬儀の全般を理解し、
　　　自分の葬儀を決めておく　88

（10）整理をして
　　　財産リストを完成させる　94

（11）相続、遺言書を決めて残す　98

（12）自分の介護は自分で決める　102

第4章　終活カテゴリの選択と計画表 …… 110
第5章　終活実行中に取り巻く環境 ……… 113
第6章　最後の締めくくりとまとめ ……… 124

あとがき ……………………………… 132
参考文献 ……………………………… 134

終活するならこの一冊!!

― 人生最後の大仕事 ―

第1章　終活するにはまず準備から

　終活は、いきなり始め出すとリタイアします。まずはウォーミングアップから。
　その前に終活は何故必要なのでしょうか。

終活は何故必要なのか、何故エンディングノートを書き終えることができないのか。
　準備をする前に、終活の必要性を考えてみましょう。

それは、意外と周りの人は私のことを知らないからです。
　知らせなければ家族も分からないことがあります。ましてや幼い時のことなど伝えなければ無理です。

必要性からいくと、人生の棚卸。今までの人生を整理することは、勿論今までよくやったと自分に言い聞かせる。と同時に、整理することにより、やり残したこと、これから行きたいところを明確にし、残された人生を楽しく安心して生活することです。

　では終活活動が途中停止、特に何故エンデングノートを最後まで書くことができないのでしょうか。

　それは、必要なカテゴリの選択と目標がなかったから、それと一人でやろうとしたからです。

　途中めんどくさくなる、まだ時間がある、もう周りは分かっているはず、買ったら一安心したという方もおられます。

　選択と計画は4章で説明します。終活は一人では無理でしょう。家族の協力、そして行

政書士、ケアマネージャー、民生委員、地域包括センターの職員、各種サービス業者、なんなら郵便局も協力してくれます。

終活する前に、10の準備から始めてみましょう。

　本番に向かう前に10のこころの準備を含めてやってみませんか。ちょっとしたやる気があれば出来ます。

(1) 私の基本情報、緊急情報の表札を作成する。

コメント

<基本情報>

名前	●● ●●		身長体重	167.0cm	名前由来	祖母から
現住所	〒000-0000　●●県●●市・・・・・・・・・・・・・・・・・・・TEL： 000-000-0000					
本籍	〒000-0000　●●県●●市・・・・・・・・・・・・・・・・・・・TEL： 000-000-0000					
生年月日	昭和33年8月27日	干支	戌	性別	男	血液型 A
両親名前	父：●● ●●　　　生存有無：無				母：●● ●●　生存有無：無	
家族名前	配偶者：●●●	子供：●●●				
好きな言葉	夢は必ず実現する、それまでは努力				趣味	音楽鑑賞、スポーツ観戦	
特技、食べ物、歌	人前で話す事、茎わかめ、演歌					
資格、免許	普通運転免許					

<緊急時情報>

緊急連絡先1	氏名	●● ●●●	関係	妻	連絡先：000-0000-0000
緊急連絡先2	氏名	●● ●●●	関係	子供	連絡先：000-0000-0000
かかりつけ医者	病院名	●●病院	医師名／連絡先		●●●●／000-000-000
既往症1	病院名	●●病院	病名		●●がん
既往症2	病院名	●●病院	病名		痛風
保険証番号記号			保管場所		持ち歩き財布
常備薬1	病院名	●●病院	薬名		●●●●
常備薬2	病院名		薬名		
アレルギー	無し		手術歴		2回
遺言書の保管場所	作成中		遺言執行者		未定

・各種エンディングノートの最初には、似たようなものが出てきます。
・13ページのサンプルを参考にし、表札の土台を作成する。
・自分がお気に入りの元気な時の写真を貼り、その時を思い出しコメントを書く。
・基本情報、緊急情報を記入する。特に緊急情報は自分しか知らない、非常に大切なことです。(必要に応じ血圧値、血糖値、BMIのおおよそ、大事なものの保管場所(物により)追記もあり)
・台紙に貼り、ビニールでカバーする。
・玄関と冷蔵庫に設置する。一人暮らしの場合、緊急時には異物を調べるために冷蔵庫がチェックされる。
※ついでに、急病になった時の備えとして、薬箱、入院セット(帰りの靴)を身近に

置き、夜間休日診療所、タクシー等の連絡先を壁に貼る。

(2) 戸籍謄本を取ってくる

　今は電子化されて「全部事項証明書」と呼びます。自分自身はともかく、出来れば両親、祖父母の分も取って下さい（代理人の場合委任状が必要です）

　離婚を繰り返したり等で本籍を移動した場合、すべての本籍地のものを取ってください。（郵送請求も可能、離婚は「除籍謄本」、改定（1994年）前の「改製原戸籍謄本」もあります）。

　窓口他郵送請求や、マイナンバーカードを利用すればコンビニでも取れます。

　自分のルーツを知るのに大事なパーツです。後に出てくる「3章（1）家系図」に活用し

(3) 簡易履歴書作成する

　経歴書を書いたことがある人は、簡単にたどり着きますが、書いたことがない人は年月を明確にするのは結構大変です。

　この簡易版は後に出てくる「3章（2）自分史」で活用します。

履歴	年月	場所、人	履歴	年月	場所、人	履歴	年月	場所、人
誕生			大学			子供誕生		
幼稚園			入社(退社)					
小学校						家族死		
中小学校			結婚(離婚)					
高校								

（4）自分の部屋を掃除をする

　何かを始める時には、気持ちと環境が大切です。先ずは掃除から。

　後に出てくる「3章（5）生前整理」は、掃除をやらなければ始まりません。

（5）終活箱又は棚、ファイルを用意する

　先ずは大きな箱（小さいなら数個）か、広い棚を見つけるか作ってください。後で出てくる終活のカテゴリ別の区分に必要となります。

　ファイルにはキャッシュカード、通帳、クレジットカード等をコピー（両面）し、ファイリングを出来ればしてください。

　途中で挫折することもあるでしょうから、とにかくまとめておいたら、再開も容易になるでしょう。

それと文章で残すことが出来るなら、PCの活用も大いに結構です。

(6) この際に自分をステップアップしよう

　直接関係ないと思うでしょうが、自分の何かを変えて、同時に終活をしていかないと案外進まないものです。

　どれか1つでも構いません。これ以外でも結構です。

- ・恋をする又は気分になる
- ・新しいものに感動する癖をつける
- ・今以上に人としゃべる
- ・習慣づける（体操、体重測定など）
- ・頭、身体を動かすことを考え行動する
- ・趣味を持つ又は一つだけ増やす
- ・性格を少しでも変える努力をする
- ・日記を書く（手紙でも可）

・社会貢献に参加する（ボランティア等）
・他人に親切にする
・「　　　　　　　　　　　　」
　　　　　　　　　　　　　（自由）

（7）協力者を募る

　終活は一人では出来ません。勿論最大なる協力者は配偶者、子供ですが、プライバシーだけはお守りください。

　家族・親戚に期待し、近隣、友人・知人まで声をかけ、民生委員、ケアマネ、かかりつけ医師・薬剤師も巻き込み、必要に応じ専門家も探し、シルバー・有料ボランティアなども利用しましょう。

(8) 家族とは話し合いが出来る環境にしておく

　遠方の子供とは直接会う時間も限られ、ましてや別の家庭があるとそっちが優先されます。海外でしたら尚更です。

　言いづらい、扱いづらい親子・夫婦関係又は家族に病気や介護があったりすると、特に話しにくいものです。

　それぞれ事情があるにせよ、終活にとっては最大限の環境づくりが必要となります。まずは、終活の始まりの声掛けからお願いします。本人がまだ生きているのに目の前で財産争い、最悪です。

(9) これからの人生をより大切にする

　終活の最終目標はやりきることだけではなく、今これからの人生を大切にすることを見

出すことでしょう。終活に目途がたったら自然と見えてくるものです。

(10) 大方の財産を把握しておく

　夫婦のどちらかは把握しているが、片方はまかせっきり。いったい我が家にはいくらあるんだろう、と分からないのんきな方もおられます。

　財産は遺産分割だけではなく、これからこのお金で大丈夫か、など老後の人生設計にも必要です。

第2章　終活ってこれだけのカテゴリと項目があります

　終活の目標の一つであるエンディングノートは、完成させることも必要ですが、一旦はバラバラにします。

　終活のカテゴリとして12個のカテゴリに分割してみました。

エンディングノートに含まれるカテゴリ

　決して頭から書こうとしないように、エンディングノートは終活のまとめとして最後に完成させましょう。

　エンディングノートのカテゴリの中で（**基本・緊急時情報**）と（**メッセージ**）だけは、非常に大切なのでここでは必須とします。

以降がエンディングノートのカテゴリで一旦は独立させます。エンディングノートとしては、4つのカテゴリのみです。

※基本情報、緊急時情報を作成する

「1章（1）表札を作成」で作成したとしたら済みとします。

（1）簡易版の家系図を作成する

　遺産の場面で「遺産分割協議書」に出てくる範囲までとします。登場人物としては祖父母からひ孫まで。父母、子、兄弟姉妹、甥姪。（世襲相続で、第三相続まで）

（2）思い出しながら自分史を書く

　ペンを持ちながらだと、なかなか思い出しては書けません。その年の出来事、友人、趣味、音楽、読書のキーワードから追いかける

のがいいいでしょう。

　山の頂上にいる気持ちで、部屋を暗くするか風呂場の電気を消す。場所も工夫して下さい。

　なにげに記憶がよみがえる時があります。さっと消えてしまうので、常にメモを用意しておいて下さい。

(3) 今ある自分に関係する連絡リストを作成する

　まずは人間関係の整理から。遠くて会わない親戚又は同窓会しか会わない学生時代の友人、飲まない・ゴルフもしない元会社関係はここには書かないでおきましょう。

　必要なのは今お付き合いをしている人、これから出会いに追加する人を中心とします。

　親しい家族、近所の親類、今の友人、今所

属している団体の中、ついでにかかりつけ医師（薬剤師）、民生委員、ケアマネも書いておきましょう。

- ・葬儀、墓に関して
  「3章（4）葬儀」「3章（6）墓じまい」で詳しく。
- ・財産整理に関して
  「3章（10）財産整理」で詳しく。
- ・全般に対しての意志表示に関しては、終活カテゴリの説明の最後に聞いてきます。集まれば完成です。

（4）今の自分からのメッセージを発信する

　書く順番に意味があります、やはり大切な人から書くものです。既に亡くなった方にはその時の気持ちも含めましょう。連絡リストから外した方は、よほどの人に限定するため

です。

　メッセージは過去の自分、将来の自分にも発信して下さい。

　このメッセージは書き直しも可能です。

それぞれの終活カテゴリ

　終活カテゴリとして8つあります。どれも主体は自分自身からの構成になっています。

(5) 生前整理を始める

　残された家族にとって最大なる迷惑は何でしょうか？　そうゴミです。自分が大切で捨てきれなかったのも、家族にとっては単なるゴミでしかありません。

　終活で一番時間と手間がかかるのではないでしょうか。やる気と根気です、それしかありません。

生前整理はいわゆる断捨離ですが、人捨離、縁捨離もしてみてはいかがでしょうか。

(6) 墓じまいをする、自分の墓についてもけりをつけておく

実家に先祖の墓を残している場合、元気なうちは帰省して墓参りも出来ますが、年齢を重ねると無理になってきます。

近くにあったとしても、山の奥で階段が急で沢山ある、最近駅からバスも通っていない、なんてこともあるでしょう。

子供も寄り付かないのに、ましてや孫にお願い出来ますか？　墓の近くの親戚も世代が変わってきています。

納骨堂か海洋散骨か、自分の墓もけりをつけておきましょう。新しく墓を用意するとは言わないで、とは言い切れませんが、これこ

そ家族との話し合いでの決着以外の何物でもありません。

(7) 終の棲家を決めておく

　自分の居場所は、それぞれの状況により違ったりもします。肝心なことは、積極的に自ら調査、相談し早々と決めてしまうことです。

　決断力が衰え、困り果てて家族が見つけて打診したところ、それが気に入らないと頑なに否定からのパータン、これだけは避けたいものです。

　末期がんとなった場合、ホスピス（緩和ケア）も一つの選択肢です。

(8) 死について考える

　日本人は国民性でどうしても死に対して避

けてしまうものです。でも誰しも必ずやって来るもの、避けては通れないのです。

　一度だけでいいので、じっくり時間をかけて向かい合ってみませんか。その後は一部を除いては一切考えないことにするのです。その一部とは、ガンの告知と抗がん剤治療の止め時です。そりゃ誰だって頭によぎります。向かいあうのも辛いです。

　尊厳死を希望するならリビングウィルを残しましょう。

（9）葬儀の全般を理解し、自分の葬儀を決めておく

　元気なうちに自ら葬儀会社に行き、葬儀全般を理解し、あらかじめ自分の葬儀の段取りを決めておく。費用も調査し、大方用意しておく。

必要に応じ、実家の宗教、宗派、菩提寺、住職などを家族に伝えておく。

家族に葬儀の事後処理まで伝えれば完璧です。

(10) 財産整理をして財産リストを完成させる

リスト作成の前に、迎えが来るまでに、幾ら現金が残るかの試算は必要です。赤字だったら対処が必要です。

配偶者に協力してもらい、自ら整理し出来るところは抜けが無いようにリスト化する。実家の田畑・山など専門家に依頼が必要なものもある。

負債があるなら明確にする。デジタル遺品にも注意をはかる。

(11) 相続、遺言書を決めて残す

　まずは家族が前もって相続税をいくら支払うか計算しておく。相続税対策も必要となる。

　遺産分割時に法定相続通りにいかない場合は遺言書を書く。そうでなくても遺言書は書き残しておく。

　成年後見人制度と家族信託も考慮しておく。

(12) 自分の介護は自分で決める

　自分が要介護者になるまでに、事前の調査と自らの意志で、自分が介護状態になったらどうするか決めておく。

　行政サービスの利用と協力者で遠距離介護も可能、介護離職も避けられる。

　又自分が介護状態になった時、どうするのかも大切になってきます。

第3章　終活それぞれの内容

　12のカテゴリにチャレンジしてみてください。

　すぐに短くて終わるのもあれば、なかなか日にちと時間がかかるのもあります。

　順番は気にしないで、飛ばしたり、戻ったりも可能です。

　例題にある各表は数に制限があります。用紙が足りない場合は別紙で対応願います。

（1）簡易版の家系図を作成する

※エンディングノートの例題

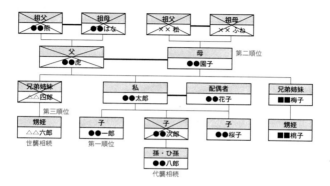

続柄	相続順位	名前	生年月日	死亡年月日	除籍年月日
配偶者	順位なし	●●花子	1965/10/14		
子	第一順位	●●一郎	1985/12/28		
子	〃	●●次郎	1987/10/18	2021/8/1	
子	〃	●●桜子	1990/1/9		
孫、ひ孫	〃	●●八郎	2020/6/10		
父	第二順位	●●虎	1935/7/31	2015/8/15	
母	〃	●●園子	1937/2/4		
父・祖父	〃	●●熊	1905/9/18	1970/11/13	
父・祖母	〃	●●はな	1907/8/3	1982/4/29	
母・祖父	〃	××松	1904/12/8	1975/7/14	
母・祖母	〃	××ふね	1906/3/23	1987/7/8	
兄弟姉妹	第三順位	△△四郎	1960/2/18	2020/6/15	
兄弟姉妹	〃	■■梅子	1965/9/28		
甥姪	〃	△△四郎	1990/12/31		
甥姪	〃	■■桃子	1991/8/27		
両親、祖父母から受け継いだこと		祖父から「自分には厳しく人には親切にしろ」			

目的と利点⇒⇒

・先ずは自分の周りの血縁関係を理解し、ルーツを探り出す布石とする。

・第一に相続を意識した関係図(遺産相続協議書)として、簡易版の家系図を作成

する。固定資産の名義変更、葬儀の連絡、病気の家系など全ての基本となる。
・他の人が見ても'自分'が分かり易い。
・特に本人や配偶者の離婚再婚で本籍移動が激しかった人はここで整理し、内縁関係や複雑な子供関係も同様とする。
・簡易版から本来の家系図に興味を持った人は、作り始めてみる。先祖のルーツにたどり着いたり、配偶者の情報がどんと加味される。大変で時間はかかる。

準備⇒⇒

　対象となる各人の各地から取り寄せた、戸籍謄本を手本として書き始める。本籍移動、除籍などそれぞれの役所で入手。（郵送可）

書く範囲と順位、代襲⇒⇒

・範囲と順位は、配偶者以外で基本は子（第一順位）、父母（第二順位）、兄弟姉妹（第三順位）まで。配偶者の血縁関係は出てきません。代襲相続とは、子、父母、兄弟姉妹が死亡した場合、それぞれの孫（ひ孫）、祖父母、甥姪となります。

書き方の注意点⇒⇒

・先ずは簡易版の家系図の構成を書いてみましょう。昔は兄弟が5人も珍しくない時代です、足らない場合は横に足すか、別紙に追加します。その後一覧記入。
・死亡や、離婚で除籍の場合、家系図上で'✘'を記入する。日付も調べる。
・親や本人が離婚した場合、相手を点線で追加する。

・書くスペースはありませんがこの際、隠し子も内縁も追記、扶養関係も出来れば同様。

正式な家系図を書いてみる

・ここまで書くことができました。これから先は興味のある方で結構です。一度正式な家系図を書いてはみませんか？　専門家に依頼せずに、祖先の一人一人を戸籍謄本で手繰りし、仏壇の過去帳があれば助かります。PCソフトもあります。時間はかかりますがチャレンジしてみてください。

配偶者の情報がどっさりと入ります。祖祖父母の上位あたりでルーツが見えてきます。楽しみです。

・38ページは家系図を作る時の一人一人

のパーツの見本です。参考にしてください。

・いとことはとこの違い。家系図を書くことにより続柄の勉強にもなります。

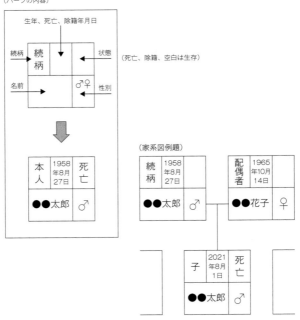

(2) 思い出しながら自分史を書く

※エンディングノートの例題

	年月度	名称・地名・出来事	思い出・エピソード
幼児	1963年	●●幼稚園	登園拒否1/3は家に引きこもり
小学校	1969年10月	●●小学校	リレーの選手に選ばれたがバトンを落とす
中学校	1973年6月	●●中学校	初恋の相手にプレゼント、相思相愛
高校	1977年10月	●●高校	風紀委員長も兄ちゃんにびびりまくり
大学・専門	1979年3月	●●専門学校	何故か首席で卒業
就職	1979年4月	株式会社〇〇〇〇	入社式後、〇〇ビルの最上階での豪華昼食
就職	2019年4月	株式会社〇〇〇〇	再就職初日での難解PC設定
結婚	1985年12月	新婚旅行△△	帰りの飛行機で操縦席特別見学
一子誕生	2006年3月	〇〇病院	徹夜作業明けで翌朝即病院へ
30代	多年	株式会社〇〇〇〇	大手メーカー先で連日徹夜作業
40代	多年	各●●地方局	出張先での美味しい料理
50代	2011年11月	〇〇病院	初めてのガン告知（ガーン）
60代	2019年4月	〇〇公民館	初めての講演依頼
70代	年　　月		
80代	年　　月		

準備⇒⇒

「履歴書」を書いていた方はご用意下さい。
書いたことがないという方もおられます。正

直一から書くのには結構時間がかかり難儀です。「年齢早見表」を手に入れ、見ながら書いてみましょう。「アルバム」も手元にあったら思い出すのに随分と役立ちます。特に子供の頃のことが思いうかばない方も結構おられます。アルバムが懐かしく、没頭してしまうと進みません。時間に余裕のある方がいらっしゃれば、アルバム整理をしてみてはいかがでしょう。

キーワードで追ってみる⇒⇒

- 趣味（好きな読書、映画、音楽など）は、子供の時から今まで、何らかのこだわりがあったはずです。
- 他にキーワードはその人それぞれに持っているものが違います。

　一生取り組んできたことや、なりたかっ

た職業と今、行ったところの旅行先、子育てや病歴も、その他にも人によっては違います。

思い出す場所⇒⇒

・本当は満天の星空でゆっくりと過去を振り返るのが理想的ですが、家でも場所があります。トイレと風呂場、スイッチを切って暗くします。これは家族の同意がなければ、馬鹿にされるか心配されます。外野がなければ次々と浮かんでくるものです。

・あとは、普段の何気ないところで浮かんできます。このためメモを常に持つようにしましょう。人間は忘れてしまう動物です。

用紙が足りない場合⇒⇒

- 別紙を用意して本格的にしても良いでしょう。40ページのキーワードをマトリックスにすれば完璧です。自分史の取っ掛かりなったりします。

まだまだ残っています⇒⇒

- 39ページの例題は80歳までとなっていますが90、100、110の欄も追加しましょう。空白はまだ生きているので、その場に応じて追記します。

それでも思い出せない場合⇒⇒

- 図書館に行って、年代別の報道写真集を参考にすれば如何でしょう。私は月着陸を学校のテレビで見ていました、小学校5年生でした。鮮明に記憶が蘇ってくる

ものです。ただ思い出したくないものが
出た時には、本当にごめんなさい。

(3) 今の自分に関係する連絡リストを作成する

※エンディングノートの例題

家族

名前	住所	連絡先	関係	※連絡1	※連絡2
●● ●●	○○市○○町1-1-1	09099990000	祖母	○	○
●● ●●	○○市○○町2-2-2	09088881111	兄	○	○
●● ●●	○○市○○町3-3-3	09077772222	妹	○	○
●● ●●	○○市○○町4-4-4	09066663333	叔母	○	○
●● ●●	○○市○○町5-5-5	09055554444	甥	○	○

親戚

名前	住所	連絡先	関係	※連絡1	※連絡2
●● ●●	○○市○○町6-6-6	09044445555	母方の母	○	○
●● ●●	○○市○○町6-6-6	09033336666	母方の父	○	○
●● ●●	○○市○○町6-6-6	09077772222	義理の兄	○	○
●● ●●	○○市○○町5-5-5	09022227777	甥の子	○	○
●● ●●	○○市○○町7-7-7	09011118888	従妹	○	○

友人

名前	住所	連絡先	関係	※連絡1	※連絡2
●● ●●	○○市○○町8-8-8	09000009999	近所の親しいおばさん	○	○
●● ●●	○○市○○町9-9-9	09000000000	学生時代からのお付き合い	○	○
●● ●●	○○市○○町10-10-10	09099999999	友人からの紹介で友人に	○	○
●● ●●	○○市○○町11-11-11	09012345678	ジム友	○	
●● ●●	○○市○○町12-12-12	09098765432	スーパーで友人に	○	

仕事

名前	住所	連絡先	関係	※連絡1	※連絡2
●● ●●	○○市○○町13-13-13	09000000001	元いた会社社長	○	
●● ●●	○○市○○町14-14-14	09000000002	現社長	○	○
●● ●●	○○市○○町15-15-15	09000000003	取引先ゴルフ友	○	
●● ●●	○○市○○町16-16-16	09000000004	社内麻雀友	○	
●● ●●	○○市○○町17-17-17	09000000005	会社帰りの呑み友	○	○

団体その他

名前	住所	連絡先	関係	※連絡1	※連絡2
●● ●●	○○市○○町18-18-18	090000000016	バイト先上司	○	
●● ●●	○○市○○町19-19-19	09000000017	○○会会長	○	○
●● ●●	○○市○○町20-20-20	09000000018	お隣さん	○	
●● ●●	○○市○○町21-21-21	09000000004	かかりつけ医師	○	○
●● ●●	○○市○○町22-22-22	09000000005	○○会友人	○	○

※もしもの時の連絡有無・・・連絡1（意識不明前後状態）、連絡2（死亡時、葬儀時）

準備⇒⇒まず記載する名前を選定する

・「家族」簡易版家系図＋必要に応じ配偶者関係。同居者は除く。

・「親戚」6親等以内が理想的。血族（叔父叔母、いとこ（その子））姻族（配偶者家系）祖父母で遠距離、会ったことがない場合、又は死亡した方は除外しましょう。

・「友人」出来るだけ現在お付き合いがある方にしましょう。遠くの学生仲間、会社のOB、年賀状のやり取りのみは除外しましょう。今すぐにでも会えるような必要な方なら載せて下さい。バス停で知り合う「バス友」「ゼミやセミナーで知り合病院の待ち合わせで知り合う「病院仲間」ジムで知り合う「ジム友」と新しい友人は出てきます。遠い親戚よりも近

くの友人を大切にしましょう。
- 「仕事」現在在職中であれば記載しますが、退職したら一旦クリアしましょう。余程親しくお付き合いがあるのであれば残して下さい。
- 「団体その他」最近「絵手紙の会」に入ったこととか、その連絡先も意外と教えていないものです。その人が最も力が入っているならば、その所属の会長と友人は載せて下さい。ダブルワークでバイトををしているのであれば、記載は常識。近所やかかりつけ医師も見逃しがちです。

書く順序⇒⇒

- 思い浮かべた順に書くと、最初に出てきた人はあなたが今、一番大切な人です。無意識にということがあり得ます。

メンテナンス⇒⇒

・この「連絡リスト」一度書いたら書きっぱなしではなく、毎年変わっていきます。正月とか誕生日の記念日に年一回の見直しをしていきましょう。余り多いと後の家族が大変ですが、少なくなるのはちょっと寂しいですね。

(4) 今の自分からのメッセージを発信する

※エンディングノートの例題

種別	名前	メッセージ
配偶者	●● ●●	離縁もしないでこんな私とよく一緒にいてくれた。感謝より尊敬すらしています。
子（長女）	●● ●●	幼稚園の頃、デパートや遊園地ですぐいなくなる。捜すのに苦労しました。
子（次女）	●● ●●	最近呑み食い多いな。今や一番の呑み友、援交ではありません親子です。
祖父	●● ●●	どこか遠い所に出かける時、必ず家の玄関から見送ってくれましたね。
小五の担任	●● ●●	いつも気にして、何故か褒めるのが上手く成績が急上昇。結局その一年だけ。
バイトの店長	●● ●●	バイト後、色んな所に行ったり、美味しいものも。お礼がしたい、今何処に。
高校の同輩	●●／●●	卒業後1年以内に2人も天国へ（事故、火災）いや～えらいショックやったー
初恋の相手＋	●●／●●	初恋は小六、相思相愛。2番目が悔しい片思い。みんなどうしてるのかなあ～
最後は過去の自分自身に		真面目に働いていたが、出世もせず。でも良い事も悪い事もあり、好きなことをしてきた。
将来の自分にメッセージ		

3つの目標があります。
まず、国内で行ったことがない県があります。そこを制覇。
2番目は、新しいやったことがない事を見つけてやってみる。
最後は人の役立つことを一つでも見つけてやってみる。
制覇して終了ではなく、又見つけてやってみる、終わりはなく、死ぬまで続けます。

準備⇒⇒

　ここは準備はありません。ここで肝心なのが順番です。自分にとって誰が大切か、何を

言いたいのかによって決まります。

登場人物⇒⇒

　既に亡くなっていてもいいのです。感謝の気持ちが大切です。

　やはり配偶者、結婚する前のエピソード、してからの苦労話。普段語らないことをメッセージにしましょう。

　次に子供、小さい時の思い出か、これからの励ましか両方あるでしょうがこれというのを書いてください。

　その他家族関係、友人がありますが、特に印象に残ったことや、感謝の言葉、誰も知らないエピソードもいいでしょう。

自分自身の過去、将来⇒⇒

　ここは自分が亡くなった後に遺族が、自分

がどういう思いでいたかを知る手掛かりになります。書かないと、言ってなかったからなんだか分からない。になってしまいます。

　将来は死ぬまであります。元気な時は一杯ありますが、年々選択肢が少なくなってきます。大概最後は何食べたいで終わります。是非何度も書き直すぐらいの元気でいてほしいものです。

読んでもらうタイミング⇒⇒

　書き終えて直ぐ読まれたら何か恥ずかしいでしょう。と言って読まれなかったら寂しいでしょう。自分だけの為に書くのならいいですが。遺言書の横にでもありかを伝えておきましょう。死ぬまで読むなのコメント付きで。

（5）生前整理を始める

準備⇒⇒

　まずは自分の家の各部屋を、自分の目で確認する。物は動かさず、おおよそ何があるかメモを取っておきましょう。但し家族でもプライベートエリアには黙って入らないようにしましょう。

・**「人手の確保」** とても一人で出来るものではありません。友人と言っても余程親しくなければ駄目で、業者は最後。となると配偶者、子供（孫）、親戚ということになりますが、これが二つ返事ではやってはくれません。作戦が必要です。

・**「計画を立てる」** とても期間的に長くなります。計画を立てないで、だらだらから始めれば必ずギブアップします。体力もいるので、出来る限り若い時から始め

て下さい。ちなみに80歳からだと無理だと言われています。
- 「**意識を変える**」ポイントは片付け上手ではなく、いかに物を処分できるかです。相当な時間と手間がかかります、それなりの覚悟が必要でしょう。

生前整理の流れ⇒⇒

- 「**老前整理**」同時でもいいのですが「断捨離」の前に「人捨離」「縁捨離」を勧めます。必ずではありませんから誤解の無いようお願いします。現在進行系ならOK。あくまでもお勧めです。

同窓会を欠席・・・会でしか会わなくなった学生時代の友人とは、昔話が尽きると、孫の自慢話、病気、薬の話ししかしません。行きたい人はどうぞ行って楽

しんで下さい。迷ったら欠席して下さい。行かなきゃよかった、にならなように。

年賀状のやりとり中止・・・遠い親戚と会わなくなった友人へのコメント、今更何を書きますか。来年から遠慮しますも結構ですが、思い切って1枚も出さなければ、翌年からは来なくなります。

元会社のゴルフの誘いをお断り・・・今でも友達であれば、行きましょう。飲み会も同様ですが、昔のよしみで人数合わせなら敢えて行くこともないでしょう。

・**「生前整理」** 始めは自分が主体、後半は身体がおぼつかないとサブに徹する。

・**「遺品整理」** 最後は家族です。家族は何も手を付けず、そっくり一部屋引き受けてくれます。高額ですが業者もいます。

残された5つは家族が処分に困る⇒⇒

- 「**写真**」正月なんかで、少し時間をかけて、思い出しながら一枚一枚捨てていったらPCへ。子供はそんなに求めてはいないのです。自分の写真は自分で持っています。卒業写真を捨てるのは、忍び難いことですが、残されても要りません。

- 「**布団**」正直最近、子や孫は泊まってはいきません。親戚もお友達もそうでしょう。布団一枚はかなり重い、古いと尚重い。一つの布団をハサミで切ってたらどれだけの時間が居るでしょう、粗大ごみにしましょう。圧縮袋に入れても駄目です、捨てるのは同じです。なんでしたら全部処分して1組新品買えばどうでしょう、幾らもしません。

災害の時いるでしょうと言われたことが

ありますが、本当にあれを持って運ぶのでしょうか。

・「**本**」これは引っ越しの経験した方はお分かりでしょう。とにかく重い。リサイクルでマンションの1Fまで運ぶことさえ重い。

母屋1軒分、本でぎっしりの方もいました、自分が生きてる限り絶対捨てないと言い切りました。思わず亡くなった後の、残された家族の顔を想像してしまいました。また本の好きな方は、読んでいない本が横詰みになっていて余計に増えています。

とにかくリサイクル本屋に売りましょう。玄関まで取りに来てもらえます。1冊1円から10円程度で、さほどお金にはなりませんが、スッキリします。

読みたくなったら図書館を利用しましょう。新しい本も予約すると期間はかかりますが、借りられます。他の市の図書館からも取り寄せてくれます。

・「**コレクション**」そもそもの価値観は本人しか分かりません。ゴミにしか見えない残された家族も困ります。生きてるうちに同好者に譲るか、ネットオークションで売却しましょう。そもそも高級な美術品は、亡くなったら配偶者が手放して代々他人に引き継がれていくものです。

・「**衣類（特に毛皮のコートと着物）**」毛皮は、今は銀座のママだって着ていません。たまに外国人観光客しか見ません。毛皮も同様、着物は高級品以外は、着ない、かさばる、売れないものです。

私も実家に残された着物を、近所で洋服

に仕立てるお店に持って行きましたが、近所のよしみでただで引き取ってもらいました。工賃が高く仕入でお金が出せないようです。

着物は形を変えて、気に入った場所を額に飾る。マットや敷物に変身。段ボールに張り付けて豪華な箱にと様々です。

衣類は、フリーマーケット、リサイクルショップに売却。海外に寄付するルートを見つける。今は、友人も親戚も他の人の服は要らないです。面倒ならごみとして捨てるのが無難でしょう。

※その他、楽器、健康器具、装飾品、趣味の道具、引き出物、ブランドの紙袋、収集品ときりがありませんが、特に気を付けていただきたいのは、ペットです。早めに行き先を決めておいてください。最

後に手紙、年賀状など私物の書類、物により家族は処分に困るのもあります。

物を捨てられない理由から考える⇒⇒

幾つかあります。「まず勿体ない」そして「まだ使える」「新品だから」「捨てたら後悔するのでは」「誰も貰ってくれない」挙句の果てには「捨てるなら頂戴」で逆に貰ってきてしまう人もいます。

一番大切なのは何でしょうか。こうして考えると決して物ではないはずです。その人によって異なりますが、「お金」「健康」「家族」「人間関係」なのでしょうか。

いくら大切な物でも、三途の川には持ってはいけないのです。

整理のすすめ六か条⇒⇒

- 「一人でやらない、ルールを守る」若手確保。自分以外特に配偶者の物には手をつけない。
- 「収納上手は仇」必要でしまっておくのと、いずれ使うであろうとは違う。どのみち捨てるのは同じ。
- 「物を5つに分けて片付ける」（要る・要らない・あげる・移動・迷い）この迷いを月日が経ったら、繰り返す。時間が掛かるが確実に物は減っていく。
- 「ある順番に片づける」とにかく空き部屋を確保して、他の部屋の物を全部移動する。必要なものを一つずつ戻す。最後に要らないものだけが残る。いわゆるプチ引っ越しをする。
 ワンルームなら廊下・玄関を利用する。

出来ればですが。

- 「**チャンスを逃すな**」配偶者の入院・入居、定年退職、子供の独立、リフォーム工事時期、配偶者の認知症初期と何かきっかけがないと出来ないものです。本当はスモール引っ越しが一番いいのですが、捨てなければ住めない。そう簡単にはいきませんが。

- 「**効果は必ずある**」物がなくスッキリすると気分いい、脳にもいいらしい、ましてや階段、廊下に物がないと怪我をしない。ストレス軽減にもなるし、良いことずくめだ。ただ元に戻ってしまうのが人間の性(さが)です。

西村式整理４つのポイント⇒⇒

- 「**服を一着買うなら三着捨てる**」だいた

いが2年も袖を通さない服は一生着ない。捨てなければいけないのに、新たに買うということは確実に増えます。

これは私も実行しています。最初は買うのをためらっていましたが、やりだすとできるものです。まず実行を。

クローゼットは80％、網の箱、透明容器。

- **「家にあるものをとにかく揃える」** たとえばボールペン、家の中にどれだけあるかびっくりします。他もあるでしょう。

まずは買い物癖、特に100均など比較的安いもの買ってくる、物に埋もれて見えなくなると又買ってくる。

次に取集癖、帽子が好きな方に集めさせたらトーテンポールが出来ました。最初から一箇所に置かないのでしょうか。

- 「一番大切な物から捨てる」一番早く整理が出来る手段です。最初の思い切りが次に楽になります。誰にも見せたくない秘密のカンカンがあるでしょう。愛着ありますよね、思い出のものが。

 私も一番大切なものを捨てました。「二十歳頃のラブレター」涙しましたが。

- 「**タダで物を貰ってくるな**」たとえば何かを買えば付いてくる「**トートーバック**」捨てないで幾つ家にありますか？せいぜいいつも使うのは3個ぐらいではないでしょうか。それとブランド物が入っていた頑丈な紙袋はいつ使いますか。普段羊羹屋の紙袋セカンドバックにしている人がですよ。貰っていいのはティッシュペーパーぐらいでしょうか。

※余談ですが、「**写真**」特に実家の部屋の

上に掛けてあった先祖のもの、捨てられません。元々写真には仏壇と異なり、霊がありません。どうしても気味が悪い場合、白い和紙で包んで下さい。魔除けの意味があります。「**人形**」は白い箱でいいのではないでしょうか。

金目なものは⇒⇒

　整理品カードを作って貼っておく（種類、品名、評価額、いつ誰に、どうしたいかの意思表示記載）

勿論物以外も重要⇒⇒

　別な章で出てきますが、銀行、証券、保険の大事な書類関係は勿論のこと。他にも手提げ金庫の鍵、デジタル遺品（パスワード）、タンス預金のありかも必要でしょう。

うっかり見落としそうなのが、投資目的の書類(株式、会員権等)です。

どうしても遺品整理になって家族に託す場合⇒⇒

　例えば2DK、3人来て、12万とか複数の業者から見積もりを取る。ハウスクリーニング代、消毒代も必要です。高額にはなりますが、家族は一切手を手を付けずにそっくり持って行ってくださいも有りですが、大事なものも持っていかれるので注意が必要です。

(6) 墓じまいをする、自分の墓についてもけりをつけておく

墓に関して重要な2つの要素と改葬⇒⇒

- ・遠く離れた先祖の墓を無縁仏にしたくない

・自分（夫婦）の墓をどうするか意思伝達する義務がある

家の近くに先祖の墓があり、そこに自分たちが入り、面倒をみてくれる家族がいる場合、今回終活としては対象外となります。基本的に墓をなくすことではなくあくまでも「改葬」することになります。おそらく実家から出た時は、1年に1回は帰省して墓参りをしたでしょう。その時は配偶者も子供も一緒、普段は地元の親戚に墓掃除をお願いもしたでしょう。それが、親戚は世代が代わり、子供（孫）には負担をかけたくない。自分も帰省すらおぼつかなくなってくる。墓じまいが元気なうちに必要となってきます。そして自分（夫婦）たちはどうするかを決めてはなく、家族に任せるという人が

半数以上いらっしゃることに驚きます。そうかと思えば、生きているうちに勝手に購入済みで、ここに入るんだと主張したところで子供たちはどう思うでしょう。これも元気なうちに調べるなりして決めておく必要があります。

基本的な改装の流れとポイント⇒⇒

改　葬　後	改　葬　前
	①地元の親族との話し合い
②引越し先を決める 「受入証明書」入手 　　（発行寺院のみ）	③「改葬許可書」の申請（役所） 　　　（遺体単位） 　管理者（住職）の署名・捺印
	④「改葬許可書」の交付（役所）
	⑤「準備」 　・石材店　見積発注 　・「墓所修繕届」提出 　　（業者依頼可）
	⑥「魂抜き」の法要（１日）
	⑦納骨移動・更地にして返却（１日）
⑧新しいお墓に納骨する（１日） 「魂入れ」の法要	・墓石の撤去又は輸送 ・使用権移動手続き 　（寺院に返却しない場合）

- 「**帰省回数を減らす**」何回かはそのためにだけ帰省をしなければなりません。複数業者の見積もり、改葬の受け入れ先を決めるのは遠方からでも可能です。地元の役所関係も理由を言って上手く減らしましょう。但し地元の親族の話し合いは電話で済ませることはできません。更に改葬は日数が何日かかかるため余裕が必要です。

- 「**離檀料の支払い**」改葬することはお寺の檀家から外れるということですから、請求が発生します。定価があるわけでもないですがおおよそ50万～200万は見ておけばよいでしょう。1千万以上も求められた例もあります、注意が必要です。

- 「**かかる費用**」離檀料もそうですが、受け入れ先の一次費用もそれなりです。石

材店の費用は業者の見積方法でかなり違います。「魂抜き」「魂入れ」の法要も省略は出来ません。

改葬先の選択⇒⇒

・「**家の近くに墓を建てる**」将来自分達も入るからという理由で、新規で購入するのも選択の一つですが、お守りをする後継者とよく相談した方が良いでしょう。後継者が引っ越しをすれば、彼らが墓じまいをすることになります。既に家の近くに墓があって、そこへ改葬するのも同様となります。

・「**納骨堂**」比較的都会に多く、建物の中に沢山の納骨スペースがあるいわゆるマンション型です。種類は色々ありますが、専用カードで自動搬送されお参りが出来

ます。宗教は問いません。一時金（仮に100万円）と年間維持費（仮に1万円）さえ払えば破産しなければ永久です。33回忌までで合祀墓へも場所によりあります。雨風がしのげて、準備も不要となると人気もあります。更なる改葬が可能で費用が不要です。

・「**永代供養墓**」家族に代わって、霊園の管理者が供養をしてくれます。一時金として永代供養料を支払うことで、後の費用はかかりませんが、一定期間を過ぎると合祀されるのが多いです。宗教は問わないのが一般的で、改葬には不向きです。お参りに行っても骨が特定出来ない点もあるため、個人墓も存在しますが、墓代はかかります。

・「**合祀墓**」最初から骨を他の方と一緒に

埋葬すること。費用は永代供養料の1/3ですみます。一旦そうすると変えられません。
- 「**樹木葬**」従来の墓石に代わって、樹木の下、土の中に埋葬します。基本的に樹木の管理者がいて、費用的にも一般的な墓と変わりません。広い土地が必要なためどうしても遠方になります。
- 「**一部手元供養**」どうしても近くに置きたいとペンダントして出来ますが、さて次の世代に継承出来ますか。

自分（配偶者）の墓を考える⇒⇒

- 「お墓に入るパターン」上記の改葬先と種類は同じです。改葬した先祖と同じでも構いませんが、継承者がどうしてくれるのかをよく話し合って、決めてほしい

です。

最近は一人墓、夫婦墓、友人墓、ペットというのもあります。

・「お墓に入らないパターン」

海洋散骨が有名ですが、宇宙、バルーンもあります。海洋散骨は家族が現地に行くことなく、郵送して代理で散骨してくれるる業者もあります。

家族はお参りは出来ませんが、海を見たら手を合わせてもらうだけでいいのではないでしょうか。

※なによりも自分（達）で決めていくことが終活の一つです。

〈エンディングノート・意思表示チェック項目〉

お墓	
遺骨について	□お墓　□海に散骨　□樹木葬　□家　□納骨堂　□お任せ
お墓について	□既にある、予定（場所：　　　　）　□永代供養　□いらない　□お任せ

（7）終の棲家を決めておく

身体の状況により選択肢が訪れる⇒⇒

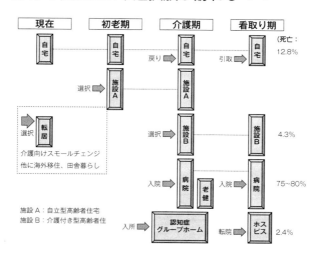

施設A：自立型高齢者住宅
施設B：介護付き型高齢者住

今の時点で選択することは⇒⇒

- **「小さな家に転居するか否か」**子供も出ていき配偶者と広い自宅から、引っ越しもあります。しかも介護向けとして平屋でバリアフリーだと安心です。住み慣れた土地から離れる、費用もかかるという決断するには高い壁があります。

  別な転居となると、海外移住、生まれた土地へのターンも含んだ田舎暮らしもあります。これは夢として前から計画もしなければなりません。配偶者もついてくれるかはたまた、別居生活なんてことにもなります。

初老期の時点で選択することは⇒⇒

- **「自立型高齢者住宅入居の選択」**いわゆる介護が付かず（別棟もあり）元気なう

ちに入れる施設のこと。脱独居、見守り、食事等生活サービスがある。「サ高住」「ケアハウス」「健康型高齢者住宅又はホーム」と種類があり、それぞれのサービスの確認は必要です。

費用は仮に「一時金」10万、「月額」20万としても介護型よりも安価となります。医療施設ではないため病気になったら退所し、病院に入院することになります。夫婦二人用もありますが、一人身において生活が不安であれば検討すべきです。看取りが出来ないので注意してください。

介護期の時点で選択することは⇒⇒

・**「介護付き型高齢者住宅入居の選択」**まずは要介護3で入れる「特別養護老人ホーム」ですが入居を希望する方が多く

数年かかるケースがあります。費用負担は他と比べかなり少ない。夜間の看護師配置義務がないため医療が必要な方は不安がある。介護状態であるけど元気な方は長く入居可能。病気になったら同様に病院に入院。申し込みは併用で早めに済ませておく。看取り可能な施設もあります。

一般的には「有料老人ホーム」となりますが、地域、一時金、月額費用、サービスによってかなりの違いがあります。

先ずは本人が少し元気なうちに廻ってみることをお勧めします。広告等で宣伝しているので見学もいいですが、地域包括支援センター経由で紹介する所を紹介して貰いましょう。

費用は県によって格差があります。場合

によっては都心の近くで探すより、遠く離れた場所でもいいのではないでしょうか。寂しいのは何処のホームに入っても同じです。今はWebで話が出来ます。

- **病気になったら「病院に入院」**この時期になったらあり得る当たり前で問題は退院後、直ぐに自宅に帰れない場合は「介護老人保健施設」に入るか次の受け入れてくれる「病院」を探すことになります。期間が三ヶ月なのである意味大変です。自宅と病院での入退院の繰り返しが一般的ですが、自宅に戻り訪問介護も準備と体制での選択肢です。

- **認知症になったら「グループホーム」**一部病院にもありますが、地域包括包括センターに相談し、探すのが良いかと思われますが、本人の気持ちと自宅での受け

入れ体制によります。

看取り期で選択することは⇒⇒

- **「ホスピス」（緩和ケア）の勧め**

  入所条件があり、主に末期がん状態であること。基本方針は無理な延命治療を廃止、疼痛治療が目的となります。日常は外出外泊自由、面会、時間制限無し、飲酒も容認となります。

  費用は一般病棟とほぼ同じですが、ベット代が必要となります。

  東京都で30施設、600病棟数の若干多め、埼玉県はおおよそ、その半分です。待ちは施設によってことなりますが、おおよそ一ヶ月待って、在籍は約一ヶ月。

- **「完全に自宅で引き取る」**

  家族の介護支援を前提として、訪問介護、

訪問看護が可能であれば引き取れます。おそらく本人の希望からでしょうが、家族の受け入れが出来るかが条件です。

おひとり様でも自宅でも可能です。葬儀まで引き受けるサービスの業者があります。数百万かかりますが調べて下さい。

注意としては、救急車を呼ばない方がいい場合が多々あります。

・「入退院の繰り返しで最後は病院」

現状ではこのパターンが多いです。

入院期間、退院後の自宅在籍期間はそれぞれで、回数により家族の負担が左右されます。

〈エンディングノート・意思表示チェック項目〉

終の棲家	□自宅　□特養　□老人ホーム　□その他　□お任せ

(8) 死について考える

まず死は何故怖いのか考えてみる⇒⇒

思い当たるものを列挙しました。
- 死後の世界が有るのか無いのか
- 死のプロセスの中で苦しみがあるのか
- この世から去り無になるのが頭で理解できない
- 残された家族が心配
- 余命宣告されると急に長く生きたくなる

そこであの世の存在があった方が都合がいい⇒⇒

- 仏教は「輪廻転生」死者は生まれ変わる（地獄・飢餓、動物、修行、人間そして天）
- キリスト教は神に呼ばれ天国に（審判にbriefより地獄も）

- 神道はそう遠くないところで霊魂として子孫を見守る
- イスラム教は天国か地獄かアラーが判断（信仰を貫いた者だけが天国）
- ユダヤ教は土に還る、何もない

　哲学や化学で証明、解明出来ない今、信じる人であれば"宗教"の死後の教えで死の不安が取り除けるのであればそれはそれでいい。ただ無宗教の多い日本人にとってはあの世の存在自体があるとも思わない人が多い。

最初から死を受け入れる人なんていない、では何をすればいいか⇒⇒

- 一度だけでいいのです。「死」についじっくり時間をかけて考えてみましょう。
- 死期が迫った時の精神状態の変化で、キューブラー・ロス医師『死ぬ瞬間』で

「否認(まず死を否定する)⇒怒り(なぜ自分が)⇒取引(神に延命を願う)⇒抑うつ(落ち込み)⇒容認(あきらめ)と解析されています。

現実はどうでしょう⇒⇒

- 大抵は死ぬ前の1、2週間で昏睡状態になり、2、3日で意識がもうろうとしてくる。人の声は一応聞こえているが夢を観ている様態になる。最後は平穏で、穏やかな表情で旅立っていくものです。これのどこで死を意識するのでしょうか
- 翌日目が覚めれば生きていて、覚めなければ死んでしまったと。そういう考え方をすると何か楽になれませんか。

考えた末で行き付く先の結論は⇒⇒

- 結局は今の「生」をよりよく充実させること、「死」の瞬間を人生の最高とする。その覚悟が出来ればこれで終わり。もう二度と考えないようにする。
- と言っても場合により、二度ほど「死」を意識する場合もある。

 一度は「癌の告知」、これだけは本人しか分からない感覚です。やがては「容認」にたどり着きます。

 二度は「抗がん剤治療の戦い終盤」で止めるか否か。残された「生」をいかに大切に生きていくかの選択肢です。

〈エンディングノート・意思表示チェック項目〉

治療	
延命治療について	□希望する　□可能性があれば希望する　□希望しない　□お任せ
病名、余命の告知について	□全て告知　□告知は希望しない　□病名のみ　□余命のみ
臓器提供、献体について	□全てしない　□臓器提供のみ　□献体のみ
最後を迎える場所	□自宅　□病院・施設　□ホスピス　□お任せ
入院中のお見舞いについて	□誰でも　□家族・親戚以外は遠慮　□指定以外は遠慮
その他	
ペットの取り扱い	□家族にお願い　□引き取り先がある □保護施設（里親）　□お任せ
尊厳死	
私は尊厳死を希望します	□宣言書通り　□宣言書を作成中　□考慮中　□希望しません
リビングウイル （例別紙参照）	□作成済み又は作成中　□予定している　□考慮中　□希望しません

リビングウィル（生前意思宣言書）例

　私は、病気が不治であり、かつ死期が迫っている場合に備えて、私の家族・親戚並びに私の治療の医療関係の方々に次の要望を宣言致します。

　尚、この宣言書は、私の精神が健全な状態にあるときに確認し作成したものです。

　従って、私の精神が健全な状態にあるときに私自身破棄するか、又は撤回する旨の文章を作成しない限り有効です。

1. 私の病気が現在の医学では不治の状態であり、既に死期が迫っていると判断された場合、いたずらに死期を引き延ばす延命措置（以下記載）は一切お断りします。

延命措置：人口呼吸器、輸血、輸液、循環補助薬、心臓マッサージ、
**　　　　　DCショック、胃・腎・腸ろう、人工透析、人工栄養。**

2. ただし、この場合、私の苦痛を和らげる措置は最大限にしてください。
3. 私が回復不能な、いわゆる植物状態におちいったときは、一切の生命維持装置を取りやめてください。

　以上、私の宣言による要望を忠実に果たしてくださった方々に深く感謝を申し上げるとともに、その方々が私の要望に従ってくださった行為の一切の責任は私自身にあることを付記します。

日付：　　　　年　月　日
住所：
氏名：　　　　　　　印
生年月日：　　年　月　日生

（9）葬儀の全般を理解し、自分の葬儀を決めておく

お葬式とは、順序は⇒⇒

- 「葬儀：神仏を対象とした行い」と「告別式：家族や地域との別れ」を合わせて「お葬式」という。
- 地域によって順番が違う。「火葬」が先の場合「骨葬」ともいう。
- 命日から数えて七日ごと（最初が初七日法要、三途の川を渡りかけたところ）に審判が下される。四十九日は最終審判で喪に服す期間を終え、納骨する。
- 百箇日法要で再審判、別れの区切りとさ

れ、家族だけが多い。「しのぶ会」も開催されることもある。
・葬儀当日に「初七日」「四十九日」を行う「繰り上げ法要」も最近ではよくある。

お葬式の種類⇒⇒

・「一般葬」と「家族葬」はスケールの違いだけで、順番は同じ。祭壇なり部屋の広さの違いにより費用が異なるが、時間もお布施代も同じ。人数×香典により自己負担額が「家族葬」が多くなる場合も

ある。
- 直葬は火葬式と呼ばれ、全国で5％、都会では加速中。24時間以内に火葬は禁止されています。遺体を安置させる場所が必要です。自殺、他殺の場合、その他事情による。その後「本葬」を行うことがある。
- 自由葬でも葬儀はする。黙とう、献花、挨拶は行う。
- 実家に菩提寺があり、その墓に入るか新たに墓を購入するかでは、菩提寺の葬儀のやり方に合わせる。又実家の寺に入る場合も同様である。

元気なうちにやれることは⇒⇒

- **自分の葬儀の段取りは自分で決めておく。**
複数の葬儀会社を廻り、見積もりを取り、

段取りと費用を事前に決めておく。その場合互助会に入る可能性はあります。

市民葬、区民葬も見ておいた方が良いかと思われます。家族が慌てて、病院の横づけの葬儀会社のいいなりになり、騙されたということもあります。死亡時に葬儀会社の合積も大変でしょう。

- **実家の菩提寺、寺がある場合、家族に事前に知らせておく。**

お寺の門徒であるならば、その寺の住所と宗派名、住職の名前も同様である。

意外と知らせていない場合があり、宗派によっては葬儀でかなり段取りが違うところもあります。

- **予め自分の葬儀の費用を算出しておく、費用は事前に用意しておく。**

例題として、葬儀一式120万、接待30万、

寺院40万 + a で合計200万。香典が80万とすれば実質120万となります。家族葬（60〜140万）、直葬（20〜40万）、密葬（60〜150万）、自由葬（50万）あくまでも金額は仮です。

ここに含まれず、追加で予想される費用として、宿泊代、車代、手続き費用、戒名料が考えられます。

死後家族がやることは⇒⇒

　これだけのことをやらなければなりません。自分のことです、何処に何があるかぐらいは、連絡先と共に伝えて下さい。

- 名義変更・・所帯主、保険契約関係、公共料金、預貯金
- 返却／返還・・保険、免許、パスポート
- 準確定申告・・1/1〜死亡まで、四ヶ月

以内に届け
・解約・・年金、携帯、会員証、PC関連、各種カード、各種定期購入、定期
・遺産相続全般（放棄も含む）
・請求・・葬祭、埋葬、保険金

※死亡届は7日以内、所帯主変更、年金停止、健康保険資格喪失届は14日以内のため注意を伝える。

〈エンディングノート・意思表示チェック項目〉

葬儀	
葬儀の形態	□一般葬　□家族葬　□直葬　□お任せ
宗教・宗派	□指定（宗派：　　　、寺院・協会：　　　、連絡先：　　　） □無宗教
戒名（仏式のみ）	□既に受戒　□授かりたい　□いらない
葬儀社・会場	□決めている（社名：　　　、見積：　　　、連絡先：　　　） □決めていない
遺影写真	□既に用意　□お任せ　□不要
喪主、葬儀委員長の依頼	□既に依頼（氏名：　　　　　　　　）□お任せ □不要

（10）整理をして財産リストを完成させる

※エンディングノートの例題

預貯金				
金融機関	種類	口座番号	カード有無	残高
○○銀行○○支店	普通預金	1234567	有り（パスワード）	1,000,000
○○銀行○○支店	定期預金	1234567		1,000,000

株式	（有価証券）			
銘柄	枚数	金融機関	預かり証番号	額面金額
○○会社　株券	1,000	○○証券○○支店	E00000	99,999
国債（変動10）	100	○○証券○○支店	E99999	99,999

不動産				
所在地		種類	地番	抵当権
○○県○○市○○町9-9-9		土地	○○番地○	抹消
○○県○○市○○町9-9-9		建物	○○番地○	設定

資産	（貴金属、コレクション、会員券、自動車）		
種類	所在地	保管場所	推定金額
掛け軸	○○県○○市○○町9-9-9	2F書棚	999,999

借入金	（負債、ローン）			
借入先	借入額	残高	担保	返済期限
無し				

保険	（生命保険、養老保険、障害保険）				
契約会社	種類	証券番号	保険金額	契約者名	受取人
○○保険	終身保険	9－－－－－9	99,999,999	本人	妻
○○保険	火災保険	9－－－－－9	99,999,999	本人	本人

年金	（国民年金、厚生年金、共済年金）			
基礎年金番号	種類	受取口座	推定金額	受取開始日等
0－－－－－－0	厚生年金	1234567	99,999,999	20XX年00月00日
0－－－－－－0	企業年金	1234567	99,999,999	20XX年00月00日

あなたがおひとり様なら90歳までの試算表を作成してみる⇒⇒

・例題として、65歳、所持金3,000万、収入は年金のみ月10万、支出は月20万とした場合(入院費など医療関係は別途必要となります)

単位:万円

年齢	所持金	収入		支出	差額	残金
		報酬他	年金			
65	3,000					3,000
70		0×12カ月×5年=0	10×12カ月×5年=600	20×12カ月×5年=1200	−600	2,400
75		0×12カ月×5年=0	10×12カ月×5年=600	20×12カ月×5年=1200	−600	1,800
80		0×12カ月×5年=0	10×12カ月×5年=600	20×12カ月×5年=1200	−600	1,200
85		0×12カ月×5年=0	10×12カ月×5年=600	20×12カ月×5年=1200	−600	600
90		0×12カ月×5年=0	10×12カ月×5年=600	20×12カ月×5年=1200	−600	0

・夫婦なら支出は月25万、旅行など余裕な生活なら月35万で計算してみましょう。

・マイナスなら所持金を捻出するか、僅かでも稼ぐことになります。日々の生活費

を切り詰めることも考えましょう。
- この表には出ていませんが、負債があるのであれば、しっかり伝えておきましょう。三ヶ月以内に相続放棄の手続きが相続人として必要となります。

もしもの時のデジタル遺品に関して⇒⇒

- PCや携帯でのネットバンキング、株式、写真、映像など本人しか分からないものは、事前に伝えておきましょう。
- パスワードを解除するには、費用がかかります。パスワード管理はあえて紙で管理するか、無料管理ソフトにして、分かるようにしておきましょう。
- 基本的には携帯は解約、PCは各種契約の解除後破棄をしてもらいます。

財産リストを完成させるのは⇒⇒

・頭からそろえるのではなく、近くのものから順にコピーして整理しましょう。この際、預貯金・資産の整理、株の売却、保険の見直しなど簡素化が必要となります。実家の田、山林など自分でも不明なところは専門家に依頼するしかないでしょう。

・へそくりは預貯金にしないと、隠してあるので分かりません。現金も同様で葬儀代以外は預貯金に、いくつも財布がタンスから出てくると苦労します。

(11) 相続、遺言書を決めて残す

法定相続（遺言書がない場合）⇒⇒

・一般的な法定相続

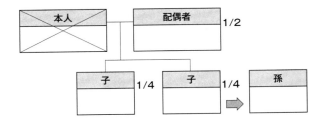

　上記法定相続人として、相続人同士で遺産協議書を作成し、相続を表示割合で確定する。

　子が死亡の場合、孫が代襲相続する。妾の子、先妻の子は認知が必要で、連れ子は養子縁組が必要となる。

・子がない場合で親がいる法定相続

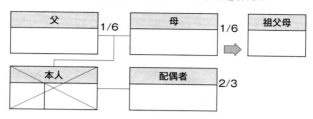

同様で確定する。親が死亡の場合、祖父母が代襲相続する。

・子も親もいない法定相続

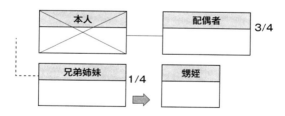

同様で確定する。兄弟姉妹が死亡の場合、甥姪が代襲相続する。

疎遠な兄弟姉妹に相続させたくない場合、遺言書を書く。

半血兄弟姉妹は全血の半分となる。

※マイナス財産は相続放棄（三ヶ月以内）

相続する立場側になり試算してみる⇒⇒

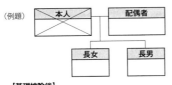

（例題）

| 現金：6,700万　土地：1,600万 |
| 建物：500万　生命保険：4,000万 |
| 借入金：△700万　葬祭費： |
| △300万 |
| 合計：11,800万 |

【基礎控除後】

| 合計＋3,000万×600万×法定相続人数 | 11,800－4,800万（3,000万＋600万×3人）＝7,000万 |

【税率テーブル控除後】

（妻）　　7,000万×1/2（配分）×20％（税率）　－200万（控除）　＝　500.0万
（長女）7,000万×1/4（配分）×15％（税率）　－ 50万（控除）　＝　212.5万
（長男）7,000万×1/4（配分）×15％（税率）　－ 50万（控除）　＝　212.5万
　　　　　　　　　　　　　　　　　　　　　　　　　　　　　　　　計　　925.0万

※税・控除テーブル	5,000以下　税20％　－200万（控除）
1,000以下　税10％　0（控除）	10,000以下　税30％　－700万（控除）
3,000以下　税15％　－50万（控除）	20,000以下　税40％　－1,700万（控除）

【割振後】（遺言書、遺産分割協議後割振りが、配偶者50％、長女20％、長男30％の場合）

（妻）　　925万　×50％　＝462.5万　配偶者控除で法定相続分
　　　　　　　　　　　　　　　又は16,000万までは税額控除　➡000.0万

（長女）925万　×20％　＝185.0万　　　　　　　　　　　　　➡185.0万

（長男）925万　×30％　＝277.5万　　　　　　　　　　　　　➡277.5万

遺産分割協議書の流れ⇒⇒

・流れとして、第三順位までの簡易家系図を作成して相続人の確認をする⇒遺産の合計を確定する⇒分割を調整して土台を作成する⇒当事者の話し合いによって決める⇒全員の署名捺印して完成させる⇒預金の払い出し、不動産の名義変更を行う。

・遺産分割協議書が不服の場合、調停・審判もありえる。

(12) 自分の介護は自分で決める

介護離職と遠隔介護のパターン⇒⇒

・介護離職の一例

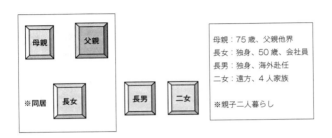

同居当時：母親は年金暮らし、長女は会社員、兄弟は離れているためいささか疎遠。突然の事故：母親が自転車転倒、退院後状況が悪化し要介護3

長女介護離職選択：生活費と介護費用は母親の財産と年金

母親5年後死亡：母親の財産はほぼ無くなり、家は辛うじて残る

長女再就職が困難55歳で年金は貰えなく自分の貯蓄も僅か、バイト暮らし

・同居当時の準備不足（財産把握、兄弟との話し合い、母親側の意志・方針不足、介護施設への入居選択肢）
・離職しないで介護選択（会社の制度、介護サービスの把握、介護分担、介護終了後の人生設計、窓口相談）する。介護認定後デイサービス（レクリエーション）、デイケア（リハビリ）は勿論公共、民間、ボランティアなど把握し、利用する。
・結論として、親（自分）は子供の言いなりにならない。子供は離職までして一人でやろうとしない。

・遠距離介護の一例

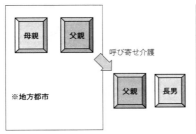

老老介護後:父親は家事能力低下、母親他界後は
　　　　　介護が必要な状態

近くのマンションに引っ越し:同居は妻の反対、
　　　　　　　　　　　　　介護は長男が仕事
　　　　　　　　　　　　　の合間

喪失感で認知症に:見慣れない土地で友達も趣味
　　　　　　　　もない

認知症の施設に:長男も手に負えない

・もともと老老介護自体が問題で、他に選択肢は無かったのか（仮に家を売却し、母親は特養、父親はケアハウス）
・老老介護になる前にフレイル強化をしていなかったか（地方暮らしが快適なら出来るだけ長い方が良いはず）
・遠隔介護は不可能なのか（地元協力者の存在、使える介護サービスの把握、帰省は短く・少なめ・Webで交通費の節約）
・親としての自覚（地元のこだわりを捨て、行った先で楽しみを見つける）を持つこと。
・協力していただける人（お隣さん、自治会長、民生委員、親の友人、親戚）は出来るだけお願いする。但しお礼は必要です。
・使える全ての介護サービスを把握し、利

用する。遠隔見守りセンサー等様々です。又地方には長期入院可能病院もあります。
- 結論として、介護される側の意思がなかった、お互いで遠距離介護の可能性を見出すこと。

自分の介護を決めるには⇒⇒

- 先ずは家の売却も含め、利用出来るお金を把握する。次に家族の状況を把握し、自分の介護について話し合う、勿論自分の意志も伝える。役割分担（労力、費用）を前もって決めておく。
- 自分で前もって各施設の種類を把握し、調べて見学しておく。介護型有料老人ホームなのか、シェア型のケアハウス、サ高住なのか。要介護3になる前の特養老人ホーム申し込みの有無の意志表示も。

見学には設備、場所、費用（初期、月額）、職員の態度、夜の体制などしっかりと見極めましょう。

入る気がない人には真剣に説明してもらえないので注意をしましょう。空室無しでも後から空くでしょう。空かなくとも似たような施設を伝えておけばきっと探してはくれるでしょう。

・だいたいがこの施設は嫌だと文句を言うのは、押し付けられて納得していないから。そもそも自分で選んでいない。

介護状態を遅らせるには⇒⇒

- ・バイタルチェックをこまめに行い自分を知る。体重、血圧、健康診断項目。
- ・考え方、性格を少し変えてみる。笑顔でいる、人を笑わせる余裕、丸くなる、感

謝する、昔話は分かり易く、会話は多く。
- いつまでも出来る可能な趣味を取り入れる。書道、麻雀、絵画、読書、音楽、カラオケ、パズル。
- 食事、運動、社会貢献、生活習慣病予防いわゆるフレイル強化。

介護状態になってしまったら⇒⇒

- 出来るだけ言わないで。介護する人を困らせない。家に帰りたい、家で死にたい、毎日来てね、早く迎えを、眠れない、人の悪口。又聞こえないふりはしない。
- 心理戦でもあるコミュニケーションは上手にする。特に家族とケアマネ。
- 意思表示ははっきりする。延命措置、後見人、遺言書、財産分与、看取りについて。

- 楽しいことは元気なうちに、ですが、寝たきりになっても楽しいことを見つけ出すのをあきらめないで。全うした人生であったなら、後は余禄の人生です。その人の考え方で紙一重です。
- 認知症を感じたら自らグループホームも覚悟する。

〈エンディングノート・意思表示チェック項目〉

介護	
認知症や寝たきりなった時の介護	□配偶者　□息子（娘）夫婦　□血縁（　　　） □その他（　　　）　□お任せ
認知症や寝たきりなった時の場所	□自宅　□自宅外宅　□病院　□施設　□お任せ
認知症や寝たきりなった時の費用	□自費　□年金　□年金＋援助　□お任せ
認知症や寝たきりなった時の管理	□家族　□任意後見人　□財産管理団体（　　　） □特定人（　　　）　□お任せ

第4章　終活カテゴリの選択と計画表

　一度に最初から全部やろうとするから挫折するのです。出来るものを選択して、また計画して始めて下さい。途中での変更もありです。

終活カテゴリの実行選択

　実行するカテゴリを選択してください。無理して全部やらなくてもいいんです。次に見直したり、追加したりします。

No.	終活カテゴリ
1	家系図
2	自分史
3	連絡リスト
4	メッセージ
5	生前整理
6	墓じまい
7	終の棲家
8	死について
9	葬儀を決める
10	財産整理
11	相続、遺言書
12	自分の介護

選択

No.	終活カテゴリ
1	
2	
3	
4	
5	
6	
7	
8	
9	
10	
11	
12	

終活カテゴリの実行計画表の作成

<第一回目計画表>

順番	計画カテゴリ	以前	55歳	60歳	65歳	70歳	75歳	80歳	以降	完了日付
0	基本情報、緊急時情報									
			○○○○○	○○○○○	○○○○○	○○○○○	○○○○○	○○○○○		
			○○○○○	○○○○○	○○○○○	○○○○○	○○○○○	○○○○○		
			○○○○○	○○○○○	○○○○○	○○○○○	○○○○○	○○○○○		
			○○○○○	○○○○○	○○○○○	○○○○○	○○○○○	○○○○○		
			○○○○○	○○○○○	○○○○○	○○○○○	○○○○○	○○○○○		
			○○○○○	○○○○○	○○○○○	○○○○○	○○○○○	○○○○○		
			○○○○○	○○○○○	○○○○○	○○○○○	○○○○○	○○○○○		
			○○○○○	○○○○○	○○○○○	○○○○○	○○○○○	○○○○○		
			○○○○○	○○○○○	○○○○○	○○○○○	○○○○○	○○○○○		
			○○○○○	○○○○○	○○○○○	○○○○○	○○○○○	○○○○○		
			○○○○○	○○○○○	○○○○○	○○○○○	○○○○○	○○○○○		
			○○○○○	○○○○○	○○○○○	○○○○○	○○○○○	○○○○○		
欄外	意志表示チェック									

※「基本情報、緊急時情報」は必須のため、終えたものとします。'○は年単位です。
※「最後の締めくくりとまとめ第6章　エンディングノートの練習（6）意志表示チェック」
　は欄外としてまとめてチェックしておいてください。

第5章　終活実行中に取り巻く環境

　終活をしていく中で、次第に置かれた環境の変化や心境の変化で継続出来ない事態になります。

　継続するには病気にならないで健康でいることです。そして高齢期の生活を充実させることです。

　終活とは少し離れます、終活を実行していく中で重要な要素となります。

健康を継続していくには

　終活をしていく側面から、何に気を付けていくか今一度チェックしていきましょう。健康を継続していくには3つの要素があります。それは『休養』『食事』『運動』です。

(1) 休養の代表的な種類として

睡眠⇒⇒

　睡眠時間はそれぞれ人によります、量よりも質です。そうするには自分の睡眠パターンを見つけて習慣化してしまうのです。曜日関係なしに決まった時間で寝て起きて、良しとされている昼寝も15分と決めておく。勝手に体と脳が動きます。

　上手く出来ないならば、ボリューム小の音楽や寝具を変えてみるなど工夫が必要です。「寝られない、寝られない」と言って昼間テレビの前でウトウト、これでは？

　睡眠は重要です、どうしてもの場合は医療機関にお願いしましょう。

入浴⇒⇒

　寝る前の30分から1時間前が理想で長湯は

禁物。水分はよく取り、事故には注意、とよく言われています。ちなみに症状により入り方が変わります。「不眠症」40度、30分まで、半身浴。「冷え性」41度、15分、全身浴。

①老宮（ろうきゅう）　②合谷（ごうこく）　③百会（ひゃくえ）　④天柱（てんちゅう）

マッサージ（ツボ押し）⇒⇒

　この4つのツボ押しを覚えて、習慣化してしまうと、何気なしに無意識に押してしまうようになります。

（2）食事はバランスよくとは言うものの

　バランスを気にしている人は、〇〇は何グラムまでだから今日はここまでとか、随分と

神経を使っています。気にしない人は何を言っても好きなものを食べています。

　では終活をしている高年齢の人に必要なのは、両方です。魚より肉（低エネルギー）、完熟野菜、丸ごと食材を多くと気にしながら、でも好きなものもよく食べるようにする。

　それより気にしてほしいのは、
- 昨日、一昨日の朝昼晩何を食べたか思いせるか
- 日に三食分食べているか
- ちゃんと料理したものを口にするように（たまにはコンビニ弁当、外食も可）

（3）運動、まずは意識付けから

　この歳になってゴルフやテニスをやろうというのではありません。散歩、ラジオ体操、プール通い、とにかく意識して体を動かして

ください。そして普段の心がけが必要です。
- 猫背対策（顎を引く、胸を張る。壁に沿って頭、肩、おしり、ふくらはぎ、かかとがつくように）
- 電車では敢えて座らない（立っているだけで揺れのトレーニング）
- 一駅前で降りて、速度を変えるステップアップウォーキング

それでも物足りないなら、
- 座って太ももの上げ下ろし
- 交互にかかととつま先上げ
- デスクスクワット（立ったり座ったり）
   私は朝の某局のTV体操を毎日やっています。

　何でもいいんです、要は毎日続けることです。

病気にならないように

　病気になると折角やり始めた終活も一時中止、事故もそうですが決して寝たきりにはならないで下さい。

(1) 顔のパーツは大切に

　歳を重ねると一つ一つの力が弱ってきます。

　目は緑内障・白内障の手術をされる方も多い。視力・聴力は勿論ケアや治療必要です。匂いも味も落ちる、口腔ケアも必要となる、と大変ですが何よりも先ずは表情を豊かにすることから始めて下さい。

(2) 高齢者うつ、認知症にはならない

　うつになる人とならない人の違いは、発想、捉え方、認知の違いからです。極端な考え方や思考がマイナスだったりします。

認知症は予防に勝る治療法はないのです。体をチェックし、軽めの運動、バランスの良い食事、脳と心のバランスを良くしましょう。

(3) 一病息災で老人病にならない

どうも年をとると、やれ関節、皮膚、肩腰、高血圧、ガン、生活習慣病とまあ数え切れません。挙句の果てに誤嚥性肺炎。いいんじゃないですか、1つぐらいは末永く付き合っても。健康診断を受け、バイタルチェックをし、薬の多剤服用を注意していけば、これ以上病気にはかからないと強い精神力があれば。といきがって言っても運命はあります。あしからず。

老後の生活を充実させる

人生80歳から100歳の時代だと言われてい

ます。その分介護の期間が長くなったとなると意味がありません。さてこの20年分をどうしていきましょうか。

(1) 趣味・教養の継続と新たな気づき

現在趣味としているものや勉強中のものは、継続していきます。新たな気づきとしてチャレンジしてみてはどうでしょうか。

※やりたい、続けたい5個を書きましょう。

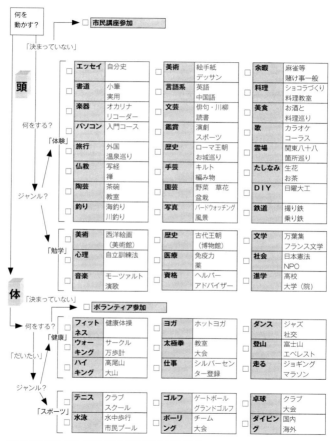

※その他生きがい項目:「田舎暮らし」「海外移住」「終活」「町会役員」「管理人」「孫の世話」「収集マニア」「起業」「折り紙」「ピクニック」「サイクリング」「バイク」

(2) コミュニケーション力を高める

　例えば病院の待合室などで、初めて会った人に、挨拶の他に趣味の話をしたり、聞いたり出来ますか。

　これから先に施設に入ったりするかもしれません。一人でポツンとしている自分でよいのでしょうか。何でもいいんです。家族以外で会話が出来るようになって下さい。

(3) 世間に対しての認識力も必要

　セカンドライフをエンジョイするためにチェックして下さい。何も知らない80代は要注意！

20個の質問	A	B	C
成年後見人	□聞いたことがあるが実際は？	□調べた、理解している	□既に決定又は検討中
遺言状	□書かない又は書き方が不明	□書こうと検討している	□既に書き終えた又は準備中
身辺整理	□今のところ整理する気がない	□徐々に整理し始めている	□おおかた整理を終えた
ボランティア	□した事がない、思わない	□しようと思っている、以前有り	□所属している団体がある
習い事	□全く興味が無い	□以前経験があるが、今は	□既に何処かに通っている
パソコン（ネット）	□全く触れない	□人に教われてなんとなく	□使いこなしている
老後の資金計画	□不安だがそのまま	□なんとなく大丈夫だ	□計画し遂行している
かかりつけ医存在	□病気にかかった事がない	□町医者に行く程度	□ちゃんと相談している
老いる住処	□このままで、考えた事が無い	□計画中、検討中	□決まっている、既に実施
収入	□年金のみ	□働いて無いがその気はある	□僅かでも収入あり（資産運用）
葬儀・墓	□まだ考えていない	□意思だけ伝え子供に任せる	□全ての段取りは完了している
料理	□していない、した事が無い	□時々気が向いたら	□毎日している
資格取得	□全く興味が無い	□取ろうとする意欲はある	□幾つか取っている
体重・血圧計測	□測っていない	□時々測っている	□毎日測っている
健康診断	□受けていない	□時々受けている	□毎回受けている
新聞・ニュース	□あまり見ない	□通常の会話程度	□毎日こまめにチェックする
四季の花	□あまり興味が無い	□名前までは知らない	□ある程度の名前は分かる
読書・音楽	□読まない、聞かない	□気が向いたら	□積極的に読み・聞く
街の行事	□行かない	□気が向いたら時々	□行ける時は行く
人との交流	□どちらかと言えば苦手	□普通・一般的に	□誰とでも良くしゃべる
合計	個	個	個

※計算　A：□×0点＋　B：□×1点＋　C：□×2点　合計：□点

満点：40点

<結果>

31～40	セカンドライフをエンジョイ中です。このまま継続してください。前向きなあなたなら、超高齢社会を乗り越えられます。
21～30	問題ありませんとても良い状態だと思われます。新たに、後１つか２つ何かを認識してください。
11～20	セカンドライフをエンジョイするにはこれからです。今日のこの機会から何かを始め、勉強してください。
0～10	深刻です。このままではおそらく廃人になります。何か行動し、意識を変えてみましょう。

第6章　最後の締めくくりとまとめ

　基本情報・緊急時情報にプラス12の中の幾つかのカテゴリが終わったところで、最後の締めくくりとして、エンディングノートを書く練習をしてみませんか。あくまでも練習です。

　また、終活のまとめとして、現時点でいいので書き留めておきましょう。歯抜けでもかまいません、後から付け加えればいいのです。ついでに伝言があれば追記して下さい。

　あくまでも、途中か終了時の話です。最後はこんなものまで書くのかということで、目を通しておいて下さい。

エンディングノートの練習

　書く練習です。「選択と計画表　第4章」で選択していなければ書けないところもあります。鉛筆で書いて下さい。年1回見直していただき書き直します。おおよそ書き上げたら、今度は本屋に行って正式版を購入しましょう。

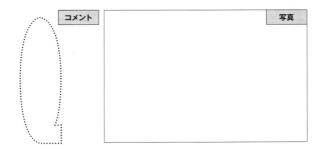

コメント		写真

<基本情報>

名前			身長体重		名前由来	
現住所	〒				TEL：	
本籍	〒				TEL：	
生年月日		干支		性別		血液型
両親名前	父：	生存有無：		母：		生存有無：
家族名前	配偶者：	子供：				
好きな言葉				趣味		
特技、食べ物、歌						
資格、免許						

<緊急時情報>

緊急連絡先1	氏名		関係	連絡先：
緊急連絡先2	氏名		関係	連絡先：
かかりつけ医者	病院名		医師名／連絡先：	
既往症1	病院名		病名	
既往症2	病院名		病名	
保険証番号記号			保管場所	
常備薬1	病院名		薬名	
常備薬2	病院名		薬名	
アレルギー			手術歴	
遺言書の保管場所			遺言執行者	

127

(1) 家系図

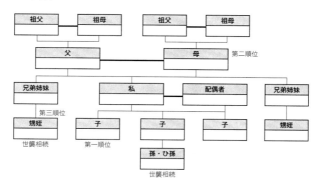

	相続順位	名前	生年月日	死亡年月日	除籍年月日
配偶者	順位なし				
子	第一順位				
子	〃				
子	〃				
孫、ひ孫	〃				
父	第二順位				
母	〃				
父・祖父	〃				
父・祖母	〃				
母・祖父	〃				
母・祖母	〃				
兄弟姉妹	第三順位				
兄弟姉妹	〃				
甥姪	〃				
甥姪	〃				
両親、祖父母から受け継いだこと					

(2) 自分史

	年月度	名称・地名・出来事	思い出・エピソード
幼児	年　　月		
小学校	年　　月		
中学校	年　　月		
高校	年　　月		
大学・専門	年　　月		
就職	年　　月		
就職	年　　月		
結婚	年　　月		
一子誕生	年　　月		
30代	年　　月		
40代	年　　月		
50代	年　　月		
60代	年　　月		
70代	年　　月		
80代	年　　月		

(3) 連絡リスト

家族

名前	住所	連絡先	関係	※ 連絡1	※ 連絡2

親戚

名前	住所	連絡先	関係	※ 連絡1	※ 連絡2

友人

名前	住所	連絡先	関係	※ 連絡1	※ 連絡2

仕事

名前	住所	連絡先	関係	※ 連絡1	※ 連絡2

団体その他

名前	住所	連絡先	関係	※ 連絡1	※ 連絡2

※もしもの時の連絡有無・・・連絡1（意識状態）、連絡2（死亡時葬儀）

(4) メッセージ

種別	名前	メッセージ

最後は過去の自分自身に

将来の自分にメッセージ

(5) 財産整理

預貯金					
金融機関	種類	口座番号		カード有無	残高

株式	(有価証券)			
銘柄	枚数	金融機関	預かり証番号	額面金額

不動産			
所在地		種類	地番

資産	(貴金属、コレクション、会員券、自動車)		
種類	所在地	保管場所	推定金額
掛け軸			

借入金	(負債、ローン)			
借入先	借入額	残高	担保	返済期限

保険	(生命保険、養老保険、障害保険)				
契約会社	種類	証券番号	保険金額	契約者名	受取人

年金	(国民年金、厚生年金、共済年金)			
基礎年金番号	種類	受取口座	推定金額	受取開始日等

（6）意志表示チェック

お墓	
遺骨について	□お墓　□海に散骨　□樹木葬　□家　□納骨堂　□お任せ
お墓について	□既にある、予定（場所：　　　）□永代供養　□いらない　□お任せ
終の棲家	
終の棲家	□自宅　□特養　□老人ホーム　□その他　□お任せ
葬儀	
葬儀の形態	□一般葬　□家族葬　□直葬　□お任せ
宗教・宗派	□指定（宗派：　　、寺院・協会：　　、連絡先：　　）□無宗教
戒名（仏式のみ）	□既に受戒　□授かりたい　□いらない
葬儀社・会場	□決めている（社名：　　、見積：　　、連絡先：　　）□決めていない
遺影写真	□既に用意　□お任せ　□不要
喪主、葬儀委員長の依頼	□既に依頼（氏名：　　　　　　）□お任せ　□不要
治療	
延命治療について	□希望する　□可能性があれば希望する　□希望しない　□お任せ
病名、余命の告知について	□全て告知　□告知は希望しない　□病名のみ　□余命のみ
臓器提供、献体について	□全てしない　□臓器提供のみ　□献体のみ
最後を迎える場所	□自宅　□病院・施設　□ホスピス　□お任せ
入院中のお見舞いについて	□誰でも　□家族・親戚以外は遠慮　□指定以外は遠慮
認知症や寝たきりなった時の費用	□自費　□援助と年金　□お任せ
認知症や寝たきりなった時の管理	□家族　□任意後見人　□財産管理団体　□特定人　□お任せ
その他	
ペットの取り扱い	□家族にお願い　□引き取り先がある　□保護施設（里親）□お任せ
尊厳死	
私は尊厳死を希望します	□宣言書通り　□宣言書を作成中　□考慮中　□希望しません
リビングウイル	□作成済み又は作成中　□予定している　□考慮中　□希望しません
介護	
認知症や寝たきりなった時の介護	□配偶者　□息子（娘）夫婦　□ヘルパー　□特定人　□お任せ
認知症や寝たきりなった時の場所	□自宅　□息子（娘）宅　□病院・施設　□お任せ
認知症や寝たきりなった時の費用	□自費　□援助と年金　□お任せ
認知症や寝たきりなった時の管理	□家族　□任意後見人　□財産管理団体　□特定人　□お任せ

※この意志表示チェックは各カテゴリから集めたものです。

あとがき

　いかがでしたか、最後までお付き合いいただき有難うございました。

　なんだこんな程度ならいつでも始められるという人と、なんだこんなにいっぱいあるから手もつけられないという人がおられるでしょう。

　何はともあれ、心の準備をしてまずは何かを始めることです。順調なら幾つかチョイスをして計画し、実行しましょう。

　終活なんてそんな計画通りなんて行きません。途中で変更もあったり、何かしらの理由で挫折して一旦中止もあるでしょう。そこを何とか切り抜けて、自分で設定したゴールを見てください。

そうするには健康で病気をしないことです。

ただ仮にゴールをしても終活は続きます。残された人生をいかに充実に生きていくかが本当の終活かもしれません。

最後になりましたが、こんなに一生懸命に終活をしたのに、これを家族の前で披露して、みんながどんな顔をするのか、この目で確かめることが出来ないんです。もうこの世にいないんです、誠に残念で仕方ありません。

協力していただいた出版社の須永様、竹内様、私の講演で支援をいただいた方々に感謝いたします。

参考文献

島田裕己『お墓なんていらない⁉』GROUP21

坂岡洋子『老前整理 捨てれば心も暮らしも軽くなる』徳間書店

大津たまみ『これ1冊で安心 親の家の片づけ方』あさ出版

丸山 学『最期まで自分らしく生きる 終活のすすめ』同文館出版

中澤まゆみ『おひとりさまの終活 自分らしい老後と最後の準備』三省堂

終活カウンセラー協会『終活の教科書』

終活カウンセラー協会『終活カウンセラーテキスト』

著者プロフィール

西村　邦雄（にしむら　くにお）

昭和33年8月27日生まれ。
滋賀県長浜市出身。
IT系の高校、専門学校卒業。
JAPANウォーキング友の会会長、品川区小山台健康体操クラブ元会長、埼玉県講師派遣「彩講会」講師。
現在、ロハスサポーターとして終活を中心とした講演継続中。

※ロハスサポーター（俗称）：環境と健康を重視した生活様式をサポートする。情報を整理して一般の人によりわかりやすく伝える。

終活するならこの一冊!!　―人生最後の大仕事―

2025年4月15日　初版第1刷発行

著　者　西村　邦雄
発行者　瓜谷　綱延
発行所　株式会社文芸社
　　　　〒160-0022　東京都新宿区新宿1-10-1
　　　　電話　03-5369-3060（代表）
　　　　　　　03-5369-2299（販売）

印　刷　株式会社文芸社
製本所　株式会社MOTOMURA

©NISHIMURA Kunio 2025 Printed in Japan
乱丁本・落丁本はお手数ですが小社販売部宛にお送りください。
送料小社負担にてお取り替えいたします。
本書の一部、あるいは全部を無断で複写・複製・転載・放映、データ配信することは、法律で認められた場合を除き、著作権の侵害となります。
ISBN978-4-286-26371-7